Über Behinderung schreiben
Leitfaden zu einer inklusiven und diskriminierungsfreien Sprache

Über Behinderung schreiben
Leitfaden zu einer inklusiven und diskriminierungsfreien Sprache

Domingos de Oliveira

Bibliografische Information der Deutschen Nationalbibliothek:
Die Deutsche Nationalbibliothek verzeichnet diese Publikation in
der Deutschen Nationalbibliografie; detaillierte bibliografische
Daten sind im Internet über http://dnb.dnb.de abrufbar.

Impressum
Copyright: © 2016 Domingos de Oliveira
Herstellung und Verlag: BoD – Books on Demand, Norderstedt
ISBN: 9783743152670

Inhaltsverzeichnis

1. Einleitung 7
2. Teil I
Sprache und Einstellung 8
   2.1 Warum schwarze Listen nicht reichen 8
   2.2 Insider und Outsider 9
   2.3 Framing und die große Erzählung 10
   2.4 Der Ability-Ansatz 12
3. Teil II
Über Behinderung berichten 13
   3.1 Die Kunst der Verankerung 13
      1. Interesse und Neugier wecken 14
      2. Involvement 14
      3. Personalisierung 16
      4. Mitgefühl, aber kein Mitleid 16
      5. Komplexität reduzieren 17
      6. Leicht verständlich 19
   3.2 Mit Kritik umgehen 19
   3.3 Behinderte kritisch darstellen 20
   3.4 Behinderung in Bild und Film 21
   3.5 Sich der eigenen Klischees bewusst werden 22
4. Teil III
Behinderung in fiktionalen Stoffen 24
   4.1 Behinderung in Literatur und Film 24
   4.2 Gelungene Darstellungen 26
5. TEIL IV
Unbbehinderter Aktivismus 27
   5.1 Selbstbild und Fremdbild 27
   5.2 Positive Frames aktivieren 28
   5.3 Positive Ziele anstreben 30
   5.4 Kritikfähig werden 31
6. Zum Weiterlesen 32

1. Einleitung

Dieser Leitfaden richtet sich an alle, die über Behinderung schreiben wollen, egal ob sachlich oder fiktiv. Natürlich richtet er sich an behinderte wie nicht-behinderte Menschen gleichermaßen. Schließlich kann jeder über jeden schreiben.

Ich habe in den letzten sechs Jahren Hunderte von Blogbeiträgen, Foren und Mails von Betroffenen gelesen und mich mit vielen Leuten ausgetauscht. Daraus habe ich die hier gemachten Aussagen abgeleitet. Wenn jemand es besser weiß, freue ich mich, wenn er seine eigenen Ansichten niederschreibt.

Beim Schreiben über behinderte Menschen geht es nicht darum, ihnen zu gefallen, sondern ihnen gerecht zu werden, das sind zwei völlig verschiedene Dinge. In einem Fall geht es einfach darum, niemandem weh zu tun und damit letzten Endes auch berechtigte Kritik zu unterdrücken. Im anderen Fall geht es darum, niemanden wegen etwas zu verurteilen, abzuwerten oder schlechter zu behandeln, für das er nichts kann.

Es klingt zwar nach einer netten Idee, ein paar Begriffe auf die schwarze Liste zu setzen und dann ist alles fein, aber das funktioniert nicht. Frauen können auch im feinsten Gender-Jargon diskriminiert werden und bei Behinderten ist das nicht anders. Die Begriffe sind anders, die Haltung ist die Gleiche. Wer es sich einfach machen möchte, kann ein paar Begriffe auf seine Blacklist setzen. Wer sich für die Inhalte interessiert, sollte diesen Leitfaden lesen. Wenn ihr die Idee dahinter verinnerlicht, dann werden eure Texte besser. Es geht nur vordergründig um behinderte Menschen, eigentlich sind alle Gruppen davon betroffen, die als benachteiligt gelten: Obdachlose, Flüchtlinge, ehemalige Gefängnisinsassen und viele mehr.

Dieser Leitfaden ist bewusst locker und flapsig geschrieben. Moralisch aufgeladene und humorfreie Pamphlete gibt es genug und sie verfehlen zumeist ihre Wirkung.

Der Leitfaden besteht aus vier Teilen: Der erste Teil legt die theoretischen Grundlagen und sollte von allen Lesern zumindest überflogen werden. Der zweite Teil gibt euch Tipps, wie ihr Behinderung darstellen könnt. Der dritte Teil richtet sich vor allem an Schriftsteller und Drehbuch-Autoren. Der vierte Teil richtet sich an Behinderten-Aktivisten.

2. Teil I
Sprache und Einstellung

2.1 Warum schwarze Listen nicht reichen

Jede Redaktion hat Begriffe, die sie nicht verwendet. Diese Begriffe werden oft auf eine schwarze Liste gesetzt. Vieles davon geht auf Initiativen zur Political Correctness zurück. Unter behinderten Menschen ist vor allem das Projekt leidmedien.de bekannt geworden. Leidmedien hat sich darauf spezialisiert, bestimmte Formulierungen wie „an den Rollstuhl gefesselt" zu tabuisieren.

So lobenswert diese Initiative ist, sehe ich sie dennoch kritisch. Wenn solche Begriffe verwendet werden, steckt oft eine bestimmte Haltung dahinter. Diese Haltung wird durch das Black Listing aber nicht geändert.

Andererseits schießen die Initiatoren oft über das Ziel hinaus. Wer einen kleinen Shitstorm auf Twitter auslösen möchte, sollte die Begriffe „autistisch" als Synonym für dumm oder gefühlsblind oder „taubstumm" für gehörlos verwenden.

Nun trauen sich große Institutionen wie Medien nicht, auf solche Shitstürmchen kritisch zu reagieren. Die dahinter stehenden Journalisten nimmt man durch Beschimpfungen und persönliche Angriffe aber sicher nicht für sich ein. Im Gegenteil: Sie werden wahrscheinlich privat zu Behindertenhassern und beruflich werden sie sich andere Themen suchen.

Das Problem mit Leidmedien im Speziellen und der Political Correctness im Besonderen ist, dass sie den Zusammenhang völlig ignorieren. Sie achten nur darauf, ob bestimmte Begriffe verwendet werden. Ob die Gesamt-Darstellung positiv oder negativ ist, ignorieren sie.

Damit wird aber kein Problem gelöst. Deswegen verfolge ich in diesem Leitfaden einen anderen, umfassenderen Ansatz. Deswegen verzichte ich auch auf eine Liste von Begriffen, die ihr vermeiden sollt.

2.2 Insider und Outsider

Fast jeder zehnte Deutsche hat eine Behinderung. Zu den Behinderten zählen nicht nur Gehörlose oder Blinde, sondern auch zahlreiche Menschen mit chronischen oder psychischen Erkrankungen. Vor allem psychische Erkrankungen werden gerne auch von Körperbehinderten Menschen unterschätzt. Dabei kann eine Angststörung in ihrer Konsequenz eben so schlimm für die betroffene Person sein wie eine Erblindung. Frisch Erblindete oder ertaubte Menschen haben oft Angst, vor die Türe zu gehen und verlieren so den Kontakt zur Außenwelt. Menschen mit einer Phobie kann es ähnlich ergehen.

Allerdings würden sich die meisten Menschen mit chronischer oder psychischer Erkrankung oder mit kognitiven Störungen nicht als behindert bezeichnen. Entweder entspricht das nicht ihrer Selbst-Wahrnehmung oder sie finden den Begriff stigmatisierend und lehnen ihn deshalb für sich ab. Eine Studie des Deutschen Studentenwerks hat gezeigt, dass insbesondere Menschen mit unsichtbaren Behinderungen zögern, die ihnen zustehenden Nachteilsausgleiche zu nutzen. Oftmals wissen sie nicht, dass sie Anspruch darauf hätten. Viele befürchten aber auch Nachteile im persönlichen Bereich, wenn sie sie doch in Anspruch nehmen. Chronische und psychische Erkrankungen sind oft für Außenstehende nicht erkennbar. Wie werden Freunde, Kommilitonen und Profs reagieren, wenn sie merken, dass ich „krank" bin?

Der Einfachheit halber möchte ich diese Gruppen trotzdem zu den Behinderten zählen.

Alle diese Menschen lassen sich in unserem Zusammenhang in zwei Gruppen einteilen: Insider und Outsider. Insider sind dabei die Experten und Aktiven mit Bezug zur Behindertenbewegung. Das mögen einige 10.000 behinderte und nicht-behinderte Menschen sein. Outsider sind nicht nur die allermeisten Nicht-Behinderten, sondern auch ein Großteil der Behinderten. Fragt man Menschen, die nicht in der Bewegung aktiv sind, was sie vom Bundesteilhabegesetz halten, werden die Meisten mit den Achseln zucken, nie gehört, was'n das? Die Unterscheidung ist wichtig, um zu verstehen, wie das Denken dieser Gruppen funktioniert. Die Insider diskutieren über AGG, bestimmte Artikel aus der Behindertenrechtskonvention oder die BITV, die Outsider verstehen in der Regel nur Bahnhof und wenden sich anderen Themen zu. Die Feinheiten der Behindertenbewegung interessieren sie ebenso wenig wie die Zeitung von letzter Woche. Möchte man diese Gruppe trotzdem erreichen, muss man radikal vereinfachen, verallgemeinern und konkret werden. Ich gehe später noch genauer darauf ein.

Als Aktivist muss man vor allem verstehen, dass die meisten Menschen nichts über die Situation behinderter Menschen wissen. Die Fachdiskurse, Konflikte innerhalb der Behindertenbewegung und alles Weitere kennen sie nicht und es interessiert sie auch nicht. Das können wir blöd finden. Oder wir versuchen, sie für Behinderung zu interessieren.

2.3 Framing und die große Erzählung

Spätestens seit der Einführung der Demokratie reicht es nicht mehr aus, den Menschen zu sagen, was sie denken oder tun sollen. Heute geht es darum, die Köpfe und Herzen gleichermaßen für sich zu gewinnen und die Menschen zu überzeugen.

Nach George Lakoff setzt jede Formulierung den Rahmen, wie eine Sache wahrgenommen wird. Die Phrase „Es war einmal..." dürfte bei fast jedem ein Set an Assoziationen in Gang setzen, wir glauben zu wissen, was jetzt kommt, ein klassisches Volksmärchen a la Gebrüder Grimm. Ähnlich starke Assoziationen werden zum Beispiel durch die Begriffe „Holocaust", „Prostitution" oder „Sklaverei" in Gang gesetzt, wobei das Ergebnis nicht so eindeutig ist wie bei „Es war einmal...".

So setzt auch das Wort „Behinderung" eine Kette an Assoziationen in Gang. Wenn du Lust hast, leg den Text für ein paar Minuten zur Seite und schreib alle Begriffe auf, die dir spontan zu „Behinderung", „Autismus", „Taubheit" und „Blindheit" einfallen.

In vielen Fällen werden dir negative Begriffe eingefallen sein, zum Beispiel „Krüppel, Opfer, warm, hilfsbedürftig, krank, unattraktiv...". Das ist vollkommen in Ordnung, auch wenn andere Gerüchte kursieren ist nicht jeder Mensch dem Bösen verfallen, weil er Behinderung nicht spontan positiv assoziiert. Für unsere Assoziationen können wir nichts. Wir sollten sie aber nicht ausleben oder aussprechen.

Im Übrigen würden auch vielen behinderten Menschen zuerst ähnliche Assoziationen kommen. Das dürfte auch einer der Gründe dafür sein, warum sich kaum jemand freiwillig als Behinderter bezeichnet.

Wenn dir positive Assoziationen wie „bewältigen, erfolgreich, aktiv" eingefallen sind, bist du schon einen Schritt weiter. Warum liest du diesen Leitfaden überhaupt?

Durch Framing können wir beeinflussen, wie behinderte Menschen wahrgenommen werden. Damit soll im Übrigen nicht gesagt werden, dass behinderte Menschen immer positiv dargestellt werden müssen. Im Gegenteil, das wäre nur eine andere Form der Diskriminierung. Es geht um die Form der Darstellung, nicht um den Inhalt. Ich gehe in einem eigenen Abschnitt auf die kritische Darstellung ein.

Wie schaffen wir also ein positives Framing? Der behinderte Mensch muss als aktive und handelnde Person dargestellt werden. Wir verwenden also positiv besetzte Verben und Adjektive und stellen die Person als aktive, handelnde Person da. Wir erzählen ein wenig über die Person, was macht sie, wofür engagiert sie sich, was liest sie gern etc. Dadurch stellen wir klar, dass diese Person genauso ist wie wir selbst, sie hat bestimmte Vorlieben, Abneigungen und grübelt nicht den ganzen Tag darüber, was sie trotz ihrer Behinderungen nicht tun kann oder wer sie heute wieder gekränkt hat.

Erst im zweiten Schritt gehen wir auf konkrete Fragen der Behinderung ein. Wie orientiert sich ein Blinder, wie ist er erblindet, wie kommt er im Alltag zurecht und so weiter. Weil wir im ersten Schritt den Rahmen gesetzt haben, indem sich ein Nicht-Betroffener mit dem behinderten Men-

schen identifizieren kann, können wir im zweiten Schritt auch problematische Aspekte aufgreifen. Wenn wir umgekehrt zuerst die Schwierigkeiten zeigen und dann erst die Identifikation herstellen, werden wir meistens eher das Frame Mitleid als das Frame Identifikation aktivieren.
Ich hoffe, der Unterschied ist klar geworden. Inhaltlich würde sich kaum etwas daran ändern, wie die meisten Artikel heute geschrieben werden, nur die Struktur ist vorgegeben und einige negativ konnotierte Begriffe müssen weggelassen werden.

2.4 Der Ability-Ansatz

Durch die UN-Konvention über die Rechte behinderter Menschen ist vor einigen Jahren der Ability-Ansatz eingeführt worden. Folgt man dem Ability-Ansatz, schaut man sich an, was ein Mensch kann statt was er alles nicht kann.

Ein Blinder kann also nicht sehen, ist aber vielleicht ein guter Musiker, Beispiele dafür gibt es reichlich: Ray Charles, Stevie Wonder oder Vanessa Mae. Oder er ist ein guter Autor wie die taubblinde Helen Keller. Meiner Erfahrung nach ist jeder Mensch Experte in irgendwas, nur ist selten jemand bereit, ihn dafür zu bezahlen. Und nach dem Ende von „Wetten dass...?" fällt auch die zweite Bühne für diese Experten weg.

Aber auch wenn jemand kein Spezialist ist, gibt es immer etwas, dass er besonders gut kann und andere eben nicht.

Der Fehler besteht darin, dass man keinen zweiten Blick auf die Person wirft und sich fragt, was sie getan oder geleistet hat oder wozu sie in der Lage ist. Das trifft leider auch auf Leute zu, die es besser wissen sollte wie Personalverantwortliche und Lehrer. Gerade sie sind besonders schnell dabei, ein oft negatives Urteil zu treffen und selten bereit, es zu revidieren. Vorurteile sind kein Privileg unterer Schichten. Im Gegenteil, im Allgemeinen tun sich Menschen aus der Unterschicht weniger schwer im unverkrampften Umgang mit behinderten Menschen.

Der Ability-Ansatz ist also der Versuch, Menschen nicht

auf den ersten Blick zu be- und verurteilen, ein Grundsatz, dem auch behinderte Menschen selbst folgen sollten.

3. Teil II
Über Behinderung berichten

3.1 Die Kunst der Verankerung

Von gut gemachten Kampagnen lernen wir, wie wir ein schwieriges Thema so aufbereiten, dass es von vielen Menschen verstanden, akzeptiert und vielleicht sogar etwas Negatives in etwas Positives umgedeutet wird.
Jede Kampagne kann drei Ziele verfolgen:
1. Informieren
2. Einstellungen oder Meinungen ändern
3. Verhalten ändern

Das Informieren ist relativ simpel. Man weist darauf hin, dass ein bestimmtes Event stattfindet, dass ein Gesetz verabschiedet wurde und ähnliches.

Das zweite Ziel besteht darin, eine bestehende Meinung zu ändern. Ein Großteil heutiger Kampagnen hat dieses Ziel.

Das dritte und schwierigste Ziel ist die Verhaltensänderung. Einige Kampagnen wie „Kondome schützen" zur Hochphase der HIV-Ausbreitung waren in Deutschland recht erfolgreich. Andere Kampagnen wie Stopp Smoking oder 5 mal Obst am Tag waren im Wesentlichen wirkungslos. Ohne konkret darauf einzugehen können wir also festhalten, dass eine Verhaltensänderung viel Energie erfordert und ein, zwei Zeitungsartikel oder Blog-Posts dafür nicht ausreichen.

Allerdings ist es in allen drei Fällen wichtig, Informationen im Gedächtnis zu verankern. Wie das am besten geht, schauen wir uns in diesem Abschnitt genauer an.

1. Interesse und Neugier wecken

Fast jeder interessiert sich dafür, wie die Gebärdensprache oder die Blindenschrift funktionieren und wenn diese Konzepte ihm verständlich erklärt werden, steigt die Wahrscheinlichkeit, dass er sich mit ihnen intensiver beschäftigt.

Wenn man ihm als erstes erklärt, wie kompliziert diese Methoden sind und das er zehn Jahre braucht, um brauchbare Ergebnisse zu bekommen, wird er sich einfacheren Zielen widmen.

2. Involvement

Involvement bedeutet, dass die Person eine Verbundenheit zwischen sich selbst und dem jeweiligen Thema herstellt. Naheliegendes Beispiel ist, dass jeder von einem Moment auf den anderen behindert werden kann. Fast jeder dürfte im Verwandten- oder Bekanntenkreis jemanden kennen, der zum Beispiel infolge eines Schlaganfalls oder Unfalls behindert geworden ist.

Diese Form des Involvements funktioniert aber erstaunlich schlecht. Fast jeder dürfte mindestens einen Autounfall gehabt haben und dennoch gehen die meisten davon aus, dass sie nie behindert werden. Wir sind recht gut darin, solche Gefahren auszublenden, ansonsten würden wir gar nicht mehr auf die Straße gehen.

Involvement lässt sich durch eine verständliche Sprache herstellen. Das heißt, möglichst Worte zu verwenden, die von Joe und Jane Sixpack verstanden werden. Es geht nicht darum, dass sie eine ungefähre Vorstellung davon haben wie etwa bei „Teilhabe", sondern sie sollen wirklich verstehen, was gemeint ist.

Auch das Wort Behinderung ist zu abstrakt. Es mag sein, dass man das vor allem mit Rollstühlen assoziiert, das ist aber schon alles. Blindheit und Gehörlosigkeit sind konkrete Begriffe. Die Schwäche von Konzepten wie „Lernbehinderung" ist, dass niemand Außenstehendes weiß, was damit gemeint ist. Auch die Insider scheinen jeweils etwas anderes zu meinen, es fehlt an der einheitlichen De-

finition. Es ist in der Regel etwas Konkreteres gemeint, bei Inklusion etwa das Recht auf gemeinsamen Schulunterricht, bei Teilhabe etwa das Recht zu wählen und so weiter. Als Faustregel können wir sagen: Wenn wir kein Bild finden, welches auf einen Blick vermittelt, was wir meinen, sind unsere Aussagen zu kompliziert.
Ein einfacher Trick ist, zunächst einige konkrete Beispiele zu nennen, bevor man auf abstrakte Konzepte eingeht.
Die Leser wollen wissen, wie etwas sich auf ihr eigenes Leben auswirkt.
Nehmen wir an, ich wäre nicht blind, ich würde vielleicht zufällig einen Artikel über das Bundesteilhabegesetz lesen. Ich hätte ihn vermutlich nach der Lektüre des Sportteils wieder vergessen.
Das geschieht nicht aus Böswilligkeit, der Grund ist, dass es nichts mit mir zu tun hat. Auch wenn ich jemanden mit einer Behinderung kenne, stelle ich nicht automatisch eine Verbindung zwischen ihm und dem Bundesteilhabegesetz her. Deshalb findet keine Verankerung statt,
Oft passiert sogar das Gegenteil: Inklusion in der Schule schadet bekanntermaßen den nicht-behinderten Kindern und kostet viel Geld. Förderschulen sind was Großartiges und müssen unbedingt bleiben. Das Antidiskriminierungsgesetz schadet vor allem jungen deutschen Männern. Das Bundesteilhabegesetz kostet einen Haufen Geld und dafür müssen die Steuern erhöht werden. Stimmt alles nicht? Wird aber fleißig und oft unwidersprochen behauptet. Somit wissen die Nicht-Behinderten, wie ihnen Inklusion oder das Gleichstellungsgesetz schaden, aber nicht, ob es ihnen selbst nutzt oder etwas mit ihnen zu tun hat.
Die Idee, dass wir alle behindert sind oder behindert werden könnten klingt zunächst naheliegend. Allerdings ist für einen gesunden Menschen Behinderung kein unmittelbares Thema. Der Raucher denkt auch nicht an Lungenkrebs, wenn er seiner Sucht frönt.
Von dem her muss jeder Artikel über die genannten Themen zumindest eine der folgenden Fragen beantworten:
1. Was hat das mit mir zu tun?
2. Wie beeinflusst das mein Leben oder das meiner

Freunde/Bekannten?
3. Warum sollte mich das Thema interessieren? Indem ich einen Bezug zu dem Leser herstelle, sorge ich dafür, dass sich die Information bei ihm verankert und er zumindest die Frage beantworten kann, was es mit dem Bundesteilhabegesetz auf sich hat. Im besten Falle habe ich damit einen weiteren zumindest passiven Anhänger des Gesetzesvorhabens gewonnen, im schlimmsten Fall hat sich der Leser ohnehin nicht dafür interessiert.

3. Personalisierung

In der Regel wollen wir über eine bestimmte Person berichten und es reicht, wenn wir uns auf ihre Fähigkeiten oder Eigenschaften beschränken und keine Aussage darüber machen, wie alle anderen Personen aus dieser Gruppe sind. Kollektive Zuschreibungen sind immer falsch, alle Blinden sind blind, alle Journalisten sind Journalisten. Aber nicht alle Blinden hören ausgezeichnet und nicht alle Journalisten sind pleite, auch wenn es Blinde mit ausgezeichneten Gehör und Journalisten in Geldnot gibt.
    Auch die statistische Wahrscheinlichkeit hilft uns nicht weiter. Es mag sein, dass ein Journalist mit größerer Wahrscheinlichkeit weniger Geld hat als ein Flugzeug-Ingenieur, dennoch gibt es gut verdienende Journalisten und arbeitslose Ingenieure. Wer eine Kollektiv-Zuschreibung macht ist meistens zu faul, um sich genau auszudrücken oder er möchte uns in irgendeine Richtung beeinflussen.

4. Mitgefühl, aber kein Mitleid

Gelegentlich kommt es vor, dass sich behinderte Menschen selbst als Opfer darstellen. Vielen ist gar nicht bewusst, dass man ihre Wortwahl so auslegen könnte, einige setzen das bewusst ein, um Hilfe oder Mitleid zu bekommen, andere brauchen tatsächlich Hilfe.
    Hier kann es nicht darum gehen, ihnen „die Maske" vom Gesicht zu reißen oder „die „Wahrheit zu enthüllen"".
    Wenn jemand von sich sagt, er sei ans Bett gefesselt

liegt es an uns zu beurteilen, ob wir diese Formulierung übernehmen möchten oder nicht.
Ich würde der Person einfach vorschlagen, die Formulierung zu ändern und ihr erklären, warum. Wenn sie nicht möchte bleiben uns zwei Möglichkeiten: Entweder lassen wir die Formulierung weg oder wir verwenden sie als direktes Zitat.
Es liegt auch in unserer Verantwortung als Profis, die Gesprächspartner vor eventuellen Patzern zu schützen, die ihnen selbst schaden könnten.
Wenn es eine Gegenseite gibt, und die gibt es meistens, sollte man auch diese Seite zu Wort kommen lassen. Wenn sie sich nicht äußern möchte, hält man das fest und schließt die Sache damit ab. Das Herum spekulieren über Motive von Menschen, mit denen man nicht gesprochen hat sollte man den Internet-Trollen überlassen.
Worum es geht: Mitgefühl mit einer schwierigen Situation ist in Ordnung. Mitleid hingegen ist kein wünschenswertes Gefühl. Wer Mitleid weckt, wird zumeist nicht respektiert oder ernst genommen. Nicht umsonst gilt das Wort „Opfer" auf vielen Schulhöfen als Schimpfwort.

5. Komplexität reduzieren

Wenn man sich mit dem Thema Behinderung beschäftigt, kommen schnell die ersten Fragen auf. Abstrakte Begriffe wie Nachteilsausgleiche, Bundesteilhabegesetz und Inklusion wecken den Wunsch, sich eine Runde schlafen zu legen. Kaum jemand hat Lust oder Zeit, sich mit den Details zu beschäftigen, zumal die Behindertenverbände oftmals keine professionelle und nachhaltige Öffentlichkeitsarbeit machen.
Um komplexe Themen zu vermitteln ist es wichtig, eine konkrete Person mit diesem Thema zu assoziieren. Diese reale Person ist zum Beispiel aufgrund ihrer Behinderung von einer konkreten Benachteiligung betroffen. Sie darf zum Beispiel nicht mehr als 2600 Euro verdienen oder Vermögen ansparen. Sie kann sich keine Zukunft aufbauen und wird immer vom Staat abhängig bleiben. Deswegen braucht sie ein Bundesteilhabegesetz, damit sie Geld ver-

dienen, eine Familie gründen oder wie alle anderen auch in Urlaub fahren kann. Die Betonung liegt auf „Wie alle anderen". Und 10.000 behinderte Menschen sind in eben der gleichen Lage wie sie.
Es ist schwierig, die Waage zwischen Mitleid und Sympathie zu halten. Das kriegt man aber recht gut hin, indem man die Person als Menschen wie du und ich darstellt, die ähnlichen Vorlieben wie eine nichtbehinderte Person nachgeht. Es geht, um das zu wiederholen, nicht darum seine Behinderung, sondern seine Eigenschaften oder Leistungen in den Vordergrund zu stellen. Statt also den Frame „Behinderung" oder „hilfsbedürftig" zu aktivieren zielen wir darauf ab, einen Menschen als ebenso erscheinen zu lassen wie man selbst ist. Er ist nicht wesentlich anders als ich, nur darf er kein Vermögen ansparen, warum nicht?

Mitleid war lange Zeit ein äußerst effektives Mittel. Charles Dickens hat sehr anschaulich dargestellt, wie die Londoner Reichen prunkvolle Benefiz-Veranstaltungen für arme Waisenkinder organisierten, während sie nur wenig später die gleichen Kinder in lieblose Heime oder ins Gefängnis warfen.

Die Mitleidsindustrie funktioniert bis heute. Schwarze Kinder mit großen Augen sollen uns dazu animieren, für Afrika zu spenden, ob diese Gelder tatsächlich an Kinder oder was Anderes gehen, ist egal. Man wird niemals erwachsene Weiße auf solchen Plakaten sehen, obwohl viele Staaten in Zentralasien ähnlich arm sind.

Diese Spendenkampagnen funktionieren vor allem durch die Darstellung von Hilflosigkeit und die Erzeugung von Mitleid. Das sind Wesen, die nicht in der Lage sind, sich selbst zu helfen und sich um sich selbst zu kümmern, weshalb sie unsere Hilfe brauchen. Dass damit auch rassistische Stereotype transportiert werden, nehmen die Macher entweder nicht wahr oder ordnen es ihrem Ziel unter.

Man kann nicht zwei gegensätzliche Botschaften zur gleichen Zeit vermitteln. Entweder ist jemand hilfsbedürftig oder er ist selbständig. Beides zugleich funktioniert nicht.

6. Leicht verständlich

Wie ich im Abschnitt „Framing" geschrieben habe geht es vor allem darum, negativ konnotierte Begriffe und Klischees entweder abzuschaffen oder sie gezielt einzusetzen, um mit ihnen zu spielen. Dabei gilt, dass Ironie oder Satire meistens nicht verstanden werden. Auch Sprachspielereien sollte man sich für den Lyrikkurs aufheben. Auch Anspielungen und Insiderwitze schrecken Außenstehende eher ab.
Es ist wichtig, eine leicht verständliche Sprache zu verwenden. Entscheidend ist aber, immer den Blick des Außenstehenden einzunehmen. Der Außenstehende hat oftmals keinen tieferen Einblick und ihm müssen deshalb auch die Hintergründe erklärt werden. Das fällt den Insidern schwer, weil sie das vielleicht schon tausend Mal getan haben. Dennoch führt kein Weg daran vorbei.

3.2 Mit Kritik umgehen

Wer immer mit einem kritischen Thema konfrontiert, wird auch Kritik ernten. Diese Kritik geht auch gerne mal unter die Gürtellinie, wie so oft, wenn ein Thema moralisch aufgeladen ist.
Dabei werden auch behinderte Menschen selbst nicht von Shitstorms verschont. Einer der Grundsätze scheint zu sein, dass sich niemand kritisch über Behinderte äußern darf.
Da heißt es vor allem, locker zu bleiben und nicht jeden Angriff zu parieren. Im Allgemeinen lesen die Leute in deine Aussagen hinein, was sie für deine Meinung halten und nehmen es mit der Lektüre nicht besonders genau. Viele Behinderte sind Meister im Austeilen, können aber nicht einstecken. Manche haben aus dem „Beleidigt-Sein" ein Hobby gemacht.
Anders ist es, wenn deine Formulierung tatsächlich missverständlich war oder eine Aussage falsch ist. In diesem Falle solltest du nicht die Aussage kommentarlos ändern, sondern dich entschuldigen und besagte Stelle deutlich sichtbar korrigieren. Einen Fehler kaschieren zu wollen

ist schlimmer als ihn zuzugeben.
In den meisten anderen Fällen ist Schweigen die beste Reaktion, auch der schlimmste Shitstorm ist nach drei bis vier Wochen vorbei und interessiert eine Woche später niemanden mehr, wenn die Leute was Neues gefunden haben, über dass sie sich aufregen können. Das Problem besteht darin, dass die Leute fast alles persönlich nehmen, also auf sich beziehen, auch wenn sie gar nicht gemeint sind. Dagegen kann man allerdings nichts machen. Die Shitstorm-Kultur ist die Schattenseite von Social Media.

3.3 Behinderte kritisch darstellen

Nun kann es Anlässe geben, negativ über Behinderte zu berichten. So gab es den Fall eines Rollstuhlfahrers, der Frauen zu sexuellen Handlungen nötigen wollte. Im zweiten Fall hatte ein Blinder seine Stellung in einem Dunkelrestaurant benutzt, um weibliche Gäste sexuell zu belästigen. Ob das behinderte oder nicht-behinderte Menschen machen, macht keinen Unterschied. Wichtig ist vor allem, die Behinderung nicht als Ursache des Verhaltens zu unterstellen. Man beginnt schnell zu psychologisieren und ergeht sich in Spekulationen über die schlimme Kindheit oder die grauenhaften Folgen der Behinderung.
Es gibt drei Gründe, warum ihr so etwas vermeiden solltet:
1. Häufig stempelt es alle Menschen mit einer ähnlichen Behinderung zu potentiellen Tätern, wenn der eine wegen seiner Blindheit pervers ist, warum nicht der Andere auch? Und heißt das nicht auch, dass jede schwierige Kindheit oder Krankheit aus uns Perverse macht? Allerdings hatten viele Leute eine schwierige Kindheit und die meisten von ihnen sind nicht besser oder schlimmer als jene mit einer Bullerbü-Kindheit
2. Das Opfer bekommt in solchen Fällen oft zumindest eine passive Mitschuld, es hätte sich ja nicht in die Nähe des behinderten Menschen begeben müssen. Es hätte sich wehren sollen oder soll sich nicht so anstellen, der Typ ist schließlich behindert und die

sind doch alle irgendwie wirr.
3. Es stimmt meistens nicht: Die Betroffenen oder ihre Anwälte versuchen häufig mit der Opferstrategie eine mildere Strafe zu erreichen oder andere Ansprüche wie Schmerzensgeld zu verhindern. Aus ihrer Sicht ist das legitim, aber man sollte das nicht unterstützen.
Ihr solltet eure Berichte genauso schreiben, als ob die Person nicht behindert wäre. Die Behinderung kann nebenbei erwähnt werden, sollte aber nur ausführlich erläutert werden, wenn sie im konkreten Zusammenhang wichtig ist. Das ist bei den beiden oben erwähnten Fällen so, beide haben ihre Behinderung genutzt, um sich ihren Opfern zu nähern. In solchen Fällen ist die distanzierte Berichterstattung zu empfehlen. Das heißt, man beschränkt sich darauf zu beschreiben, was offensichtlich unstrittig ist und überlässt alles andere den bunten Zeitungen und den Internet-Trollen, die sowieso ihre eigene Geschichte stricken werden.

3.4 Behinderung in Bild und Film

Nicht nur Formulierungen, auch bildliche und filmische Darstellungen können kritisch sein.
  Ein behinderter Mensch wirkt zum Beispiel wesentlich aktiver, wenn er sich eigenständig fortbewegt. Natürlich kann ein Rollstuhlfahrer geschoben und ein Blinder am Arm geführt werden. Doch wirkt die Person ganz anders, wenn sie selbständig unterwegs ist. In einem Fall ist sie von fremder Hilfe abhängig und im anderen Fall nicht.
  In Bild und Film können wir die gleichen Grundsätze wie bei Texten verwenden. Behinderte Menschen werden grundsätzlich als eigenständige Menschen wie du und ich dargestellt. Sie werden als normale Menschen in einem normalen Umfeld gezeigt.
  Schwierig ist auch zum Beispiel, wenn eine stehende Person auf einen Rollstuhlfahrer herunter schaut. Es wirkt paternalistisch wie eine Lehrer-Schüler- oder Eltern-Kind-Situation. Das lässt sich ganz einfach lösen, wenn beide Personen sich auf gleicher Höhe befinden.

Ähnlich symbolisch ist es, wenn behinderte und nichtbehinderte Menschen getrennt voneinander gezeigt werden. Das scheint auszusagen, dass die behinderten Menschen zwar irgendwie dazu gehören, aber keine Inklusion stattfindet. Das lässt sich einfach lösen, indem die beiden Gruppen etwas gemeinsam machen: Einen Garten pflegen, ein Haus streichen oder worum es in dem konkreten Beitrag geht.

3.5 Sich der eigenen Klischees bewusst werden

Klischees haben meistens einen wahren Kern. Wenn sie völlig falsch wären, könnten sie sich nicht lange halten. Wichtig ist aber, dass Klischees immer zu allgemein sind, um immer zuzutreffen.

Aber was ist eigentlich ein Klischee? Ein Klischee ist ein Vorurteil, das im Gewand einer Alltagsweisheit daher kommt, es muss dabei nicht unbedingt negativ konnotiert sein. So sollen viele Blinde ein hervorragendes Gehör haben. Andererseits gelten Blinde oftmals als unbeteiligt. Und tatsächlich finden wir Blinde mit einem sehr guten Gehör. Und wir finden ebenso viele, die es nicht haben.

Das Klischee bezüglich der Unbeteiligtheit basiert auf folgendem Umstand: Viele Geburtsblinde lernen nicht, Blickkontakt herzustellen. Außerdem haben sie oftmals keine ausgeprägte Mimik und Körpersprache. Nun gehen wir automatisch davon aus, dass jemand etwas nicht kapiert oder uninteressiert ist, wenn er uns nicht anschaut oder das Gesicht ausdruckslos bleibt.

Ein Klischee kann auf eine einzelne Person zutreffen und bei einer anderen falsch sein. Wenn euch ein Gedanke kommt wie „Alle Blinden/Autisten/Gehörlosen sind...", sollten sämtliche Alarmglocken läuten. Wenn ihr aber sagt, Herr Müller ist dank seines hervorragenden Gehörs Toningenieur geworden, ist dagegen nichts einzuwenden. Zumindest nicht, wenn er das selbst sagt und ihr das nicht stillschweigend annehmt. Ich empfehle für solche Aussagen immer direkte Zitate zu nehmen. Damit sichert ihr euch gegenüber der Kritik anderer Blinder ab.

Ihr mögt einwenden, dass positive Klischees gar nicht

schlecht sind. Das stimmt auf den ersten Blick, allerdings suggeriert es auch, dass die negativen Klischees ebenfalls korrekt sind. Oftmals wirken sich auch positive Klischees negativ aus, so gelten Blinde als gute Telefonisten und Autisten als gute Software-Tester. Allerdings haben viele Menschen aus diesen Gruppen gar kein Interesse daran, in diesen Bereichen zu arbeiten.

Normalerweise berichten wir nicht über eine Personengruppe, sondern eine bestimmte Person. Die Kategorie „Behinderte" kann Millionen von Menschen umfassen und es ist klar, dass solch eine große Gruppe nicht viele Eigenschaften gemeinsam haben kann. Blinde sind eine wesentlich kleinere Gruppe, aber auch sie sind sehr unterschiedlich.

Eine kleine Falle bergen Reportagen und Berichte. Dort wird über die Fähigkeiten einer bestimmten Person berichtet, in letzter Zeit gab es zum Beispiel viele Berichte über die echobasierte Orientierung alias Klicksonar. Es gibt einige Blinde, die sich über Klicksonar orientieren können, aber die meisten können das nicht. Man kann also ruhig einen Artikel darüber schreiben, sollte aber nicht suggerieren, dass es alle Blinden können.

Ein anderes, schwieriges Thema sind medizinische Erkenntnisse. Vieles von dem, was im Wissenschaftsjournalismus geschrieben wird ist schlicht falsch. Minimale Erkenntnisse werden zu Durchbrüchen aufgeblasen, die vielleicht in zehn Jahren oder auch nie eine Rolle spielen werden. Hör- und Sehprothesen sowie Hörgeräte werden von kommerziell orientierten Konzernen vertrieben, die sich natürlich über die Gratis-Werbung freuen. Es ist nicht verwerflich, dass sie Geld verdienen wollen. Ärgerlich ist, dass sie oft falsche Hoffnungen bei Betroffenen und Angehörigen wecken und sich als Samariter aufspielen. Die heute gängigen Hör- und Sehprothesen zum Beispiel können nur in sehr wenigen Fällen helfen. Andere Hilfen sind so teuer, dass sie für Privatpersonen gar nicht erschwinglich sind. Nehmen wir ein aktuelles Beispiel: Die OrCam, eine Wunderbrille für Blinde, geisterte eine Zeitlang als magischer Heilsbringer durch die Medien. Die Journalisten vergaßen aber zu erwähnen, dass das Gerät aktuell 3.600 Dollar kostet und deshalb für die meisten Blinden nicht erschwinglich ist. Zudem ist sie für vollblinde Menschen kaum verwendbar. Man muss auf den Text zeigen, der vorgelesen werden soll. Blinde, die keinen Sehrest haben, sind dazu aber nicht in der Lage. Sie wissen häufig gar nicht, dass es etwas vorzulesen gäbe.

Journalisten und andere Multiplikatoren sollten daher solche Meldungen sehr genau lesen, sich anschauen, von wem sie kommen und im Zweifelsfall darauf verzichten, sie zu veröffentlichen. Das ist die einzige Möglichkeit, dieses Verhalten der Konzerne zu ändern.

4. Teil III
Behinderung in fiktionalen Stoffen

4.1 Behinderung in Literatur und Film

Behinderte Menschen haben in Literatur und Film lange Zeit ein Schattendasein geführt. Das ändert sich erst langsam.

Behinderte Menschen sind eine äußerst heterogene Gruppe. Da gibt es jene, die nicht viel mehr als ihren Schwerbehindertenausweis haben und andere, die im Rollstuhl sitzen und rund um die Uhr betreut werden.

Außerdem gibt es zahlreiche verschiedene Behinderungen. Es wundert also nicht, dass Behinderte sehr unterschiedlicher Meinung sind.

Und natürlich gibt es auch innerhalb der einzelnen Gruppen große Unterschiede. Manche Blinde pflegen das Vorurteil über die blinden Sonderfähigkeiten ebenso fleißig wie Sehende. Deshalb ist es auch so schwierig zu behaupten, ein Blinder könne das und ein Autist könne jenes.

Die Lösung heißt hier, sich gar nicht erst auf dieses „alle" einzulassen. Mag die Wissenschaft erforschen, was „alle" können. Uns interessieren Individuen. So kann unsere blinde Protagonistin eine ausgezeichnete Bergsteigerin sein und unser Autist ein hervorragender Hacker. Solange wir nicht sagen, dies sei das Wesen Blinder oder

Autisten sind wir auf der sicheren Seite. Wenn ihr sicher gehen wollt, könnt ihr auch eine Figur mit der gleichen Behinderung und vollkommen anderen Fähigkeiten, Verhalten oder Vorlieben schaffen. Aus dem Kontrast dieser beiden Personen wird deutlich, wie unterschiedlich die Personen aus dieser Gruppe sind.

Der Reiz behinderter Protagonisten besteht schließlich darin, ein wenig mit den Klischees und Erwartungen des Lesers zu spielen. Wenn ein blinder Detektiv keine ausgezeichneten Hör, Geruchs- und Tastsinn hat, bleibt die Frage, warum unser Detektiv eigentlich blind ist. Er unterscheidet sich dann nicht großartig von einem Sehenden Detektiv.

Indem wir eine behinderte Gegenfigur schaffen, haben wir das Problem gelöst, das Klischee wird zugleich bedient und aufgehoben. Die Erwartungen des Lesers wurden erfüllt, ohne dass sich jemand karikiert fühlen muss.

Natürlich dürfen auch Behinderte Verbrechen begehen. Das wäre eine erfrischende Abwechslung, da alle anderen Themen schon durch den literarischen Fleischwolf gedreht wurden. Bis auf einige Ausnahmen wäre es dabei sinnvoll, wenn die Behinderung selbst nicht das Motiv für die Straftat ist, in dem Sinne „seine Behinderung hat ihn verrückt/verbittert/gewissenlos" gemacht. Eine Ausnahme ist, wenn er sich zum Beispiel an jemandem rächt, den er für seine Behinderung verantwortlich macht. Wenn sich das nicht vermeiden lässt, kann uns wiederum unser Trick mit der Gegenfigur helfen: Es werden Figuren mit der gleiche Behinderung ohne diese spezielle Verhaltensweise eingeführt. Der Mensch, den seine Behinderung skrupellos gemacht hat, ist dann die Ausnahme.

Es ist in Ordnung, wenn der behinderte Mensch die Stärken aus seiner Behinderung nutzt, um eine Straftat zu begehen. Niemand kann sich in der Dunkelheit besser orientieren als ein Vollblinder.

4.2 Gelungene Darstellungen

An dieser Stelle möchte ich meiner Ansicht nach gelungene behinderte Protagonisten aus Literatur sowie Film und Fernsehen zeigen.

In Umberto Ecos „Der Name der Rose" wird eine der Hauptrollen von dem blinden Mönch Jorge von Bogos dargestellt. Jorge ist dem Schriftsteller Jorge Luis Borges nachempfunden, der ebenfalls im höheren Alter erblindete. Die Blindheit von Jorge spielt nur sekundär eine Rolle: sie ermöglicht es ihm, sich zu jeder Tageszeit in der Abtei zurecht zu finden, wirkt sich aber nicht auf seinen Charakter aus.

Lincoln Rhyme ist ein Charakter, der von dem Thriller-Autor Jeffrey Deaver entwickelt wurde. Rhyme ist vom Hals ab gelähmt und ein hervorragender Spurenleser, eine Inkarnation von Sherlock Holmes sozusagen. Rhyme ist bei einem Arbeitsunfall gelähmt worden und dank hervorragender technischer Ausstattung und diversen Unterstützern ist er in der Lage, knifflige Fälle zu lösen. Er ist aber nicht nur der strahlende Held, sondern plagt sich auch mit den alltäglichen Problemen Querschnittsgelähmter. So überlegt er, ob er sein hartes Training aufrecht erhalten soll, ob er eine bestimmte mit Risiken behaftete Operation machen soll und hegt gelegentlich auch Selbstmord-Gedanken.

Wir wollen uns aber nicht nur auf körperliche Behinderungen beschränken. Adrian Monk arbeitet seit dem Tod seiner Frau als Berater für die Polizei. Er hat Zwangsstörungen und einen Reinlichkeitsfimmmel, der in der TV-Serie unterhaltsam dargestellt wird, aber in Wirklichkeit für den Betroffenen alles Andere als angenehm wäre. Sein Fimmel hilft ihm aber auch dabei, seine Kriminalfälle zu lösen.

Anderen Charakteren wie Sherlock Holmes, Lisbet Salander aus der Millenium-Triologie von Stieg Larsson oder Sheldon aus der Serie Big Bang Theory werden autistische Züge nachgesagt. Die Autoren haben dabei den Vorteil, dass sie solche Züge andeuten können, ohne den Charakter eindeutig zu outen, da es sich um Störungen handelt, die nicht sichtbar und auch nicht immer eindeutig nach-

weisbar sind. Viele Leute wissen nicht, dass sie unter die Diagnose Autismus fallen würden, weil sie gar nicht auf die Idee kämen, sich entsprechend untersuchen zu lassen.
Man merkt schnell, dass Filme eher zu einer unterhaltsamen oder übertriebenen Darstellung neigen, während Bücher sich näher an der gefühlten Realität orientieren. Das scheint aus dramaturgischen Gründen sinnvoll zu sein, wird aber von Betroffenen oft kritisch gesehen. Das dürfte ein weiterer Grund dafür sein, dass solche Züge nur angedeutet werden, aber von den Autoren der Serie eindeutige Diagnosen meistens zurückgewiesen werden.
Keine der genannten Darstellungen reduziert eine Person auf ihre Behinderung. Die Personen sind in ein mehr oder weniger normales Umfeld eingebunden. Zwar kämpfen sie mit den Schwierigkeiten, die mit der Behinderung verbunden sind und hadern auch mit ihrem Schicksal. Es passiert auch durchaus, dass das Umfeld sie wegen ihrer Behinderung ablehnt. Dennoch ist die eigentliche Behinderung nie das Kernthema der Geschichte.

5. TEIL IV
Unbbehinderter Aktivismus

5.1 Selbstbild und Fremdbild

Das Narrativ des Behinderten, der von wahlweise dem bösen Lehrer, dem schurkischen Staat oder dem verkommenen Mitbürger unterdrückt wird, ist in Behinderten-Magazinen, Foren und Mailinglisten ebenso populär wie in den Massenmedien. Mein Eindruck ist, dass die Massenmedien teilweise schon weiter sind als viele Behinderten-Magazine. Die Massenmedien üben Selbstkritik und analysieren die eigenen Fehler, um im besten Fall daraus zu lernen.
In der Behindertenbewegung ist von Selbstkritik wenig zu merken.
Mit dem Opfer-Frame bekommt man oft Mitleid und sel-

ten Sympathie. Mitleid ist aber für beide Seiten auf Dauer kein hilfreiches Gefühl.

Woran liegt es eigentlich, dass sich negative Meldungen rasend schnell im Web verbreiten, während positive Nachrichten niemanden zu interessieren scheinen? Einer der Gründe könnte sein, dass negative Nachrichten unser Weltbild bestätigen. Außerdem scheinen negative Nachrichten automatisch korrekt zu sein, während positive Meldungen automatisch in Zweifel gezogen werden. Jeder glaubt sofort, dass die Arbeitslosigkeit gestiegen ist. Sinkt sie, hat die Regierung die Zahlen manipuliert.

Die Leute, die negative Nachrichten verbreiten glauben oft, sie würden einen positiven Beitrag leisten oder jemanden unterstützen. In Wirklichkeit ist oft das Gegenteil der Fall, die Menschen ziehen sich gegenseitig runter und viele verlieren den Mut, die eigene Situation zu verbessern.

Die Außenwirkung ist fatal. Viele Leute mögen Mitleid mit diesen Menschen haben, aber leider ist die Kehrseite von Mitleid oft Paternalismus oder Abneigung. Im Ergebnis will man sich um behinderte Menschen kümmern, statt sie als vollwertige Personen anzuerkennen oder man spendet ein paar Euro, möchte aber darüber hinaus nichts mit ihnen zu tun haben. Soll sich doch der Staat um sie kümmern.

5.2 Positive Frames aktivieren

Behinderte Menschen sind vor allem damit beschäftigt zu sagen, was falsch ist statt zu sagen, was richtig ist, ich nenne das die „Was-Nicht-Artikel".

In manchen Fällen scheinen die Was-Nicht-Artikel angebracht zu sein. Jedes Mal wenn ich einen Fehler in einem Artikel über Blinde entdecke juckt es mich in den Fingern eine Richtigstellung zu schreiben, wobei meistens ein Was-Nicht-Artikel herauskommen würde.

Das Problem dabei ist, dass es den Leser nicht mit einem positiven Bild zurücklässt. Er weiß, was falsch ist, aber was stimmt denn nun. Oder lässt sich gar nichts Positives über Blinde sagen, in diesem Fall braucht man sich auch nicht mit ihnen zu beschäftigen.

Die Was-nicht-Artikel verstoßen also ebenfalls gegen den Ability-Ansatz. Sie verraten uns nur, was nicht stimmt oder was falsch ist, aber nicht, was zutrifft.

Sie schaden auch in einer weiteren Hinsicht, sie wiederholen falsche Fakten und stärken die Verankerung der falschen Informationen. Nehmen wir an, ich lese in einem Artikel, Blinde hören besonders gut. Jetzt bekomme ich einen Was-nicht-Artikel empfohlen, in dem die Aussage „Blinde hören gut" wiederholt wird, um sie anschließend zu widerlegen. Ich habe zwei Mal gehört, dass Blinde gut hören und einmal, dass sie es nicht tun, welche Botschaft bleibt eher hängen? Der erste Artikel stammt vielleicht aus dem spiegel oder einer anderen seriösen Quelle, der andere aus irgendeinem Blog, den Namen des Autors vergesse ich nach zehn Sekunden. Welche Aussage wird stärker verankert? Ihr solltet auch nicht vergessen: Die meisten Artikel im Internet werden nicht zu Ende gelesen.

Oder drehen wir das Ganze einmal um: Es kann auch sein, dass ich nur den Was-nicht-Artikel zu Gesicht bekomme und mir die Klischees, die dort erwähnt werden gar nicht bekannt waren. Ich lese sie also zum ersten Mal, wodurch eine erste Verankerung falscher Fakten stattfinden kann. Später lese ich einen Artikel im Spiegel, der eben diese Klischees aufgreift und sie als Tatsache darstellt. Dadurch wird die Verankerung falscher Fakten verstärkt, der Was-nicht-Artikel hat also genau das Gegenteil von dem bewirkt, was er erreichen wollte.

Last not least werden Was-Nicht-Artikel ohnehin oft nur von jenen gelesen und verstanden, die sich schon damit beschäftigt haben: Ich sprach ja schon zu Anfang von Insidern und Outsidern.

Was also tun? Wir ändern die Strategie und stellen einfach da, was Blinde (oder die meisten Blinden) besonders gut können, warum sie es gut können und geben konkrete und anschauliche Beispiele. Es ist noch besser, sich nur auf die eigenen Fähigkeiten zu beziehen. Das ist wesentlich anschaulicher.

Wenn überhaupt gehen wir erst im zweiten Teil des Artikels auf falsche Klischees ein.

Mit Was-nicht-Artikeln werten wir die Gegenpartei ohne Not auf, egal, welchen Unsinn sie von sich gibt.

Das heißt nicht, dass man jeden Unsinn stehen lassen

soll. Es geht vielmehr darum, sich gezielt nur die Inhalte vorzunehmen, die tatsächlich wichtig sind. Alles andere ist eine reine Vergeudung von Energie und Ressourcen. Mit Idioten diskutieren hat noch nie etwas Sinnvolles gebracht.

5.3 Positive Ziele anstreben

Viele behinderte Menschen streiten sich lieber mit anderen Behinderten-Aktiisten oder Selbsthilfe-Organisationen, anstatt etwas Positives zu tun. Auffällig ist dabei, dass sie alles blöd finden, aber keine Meinung oder einen positiven Standpunkt einnehmen. Wenn sie nach Alternativen gefragt werden, bleiben sie oft wage oder weichen aus. Das ist ihr gutes Recht, die Frage ist allerdings, ob diese Einstellung tatsächlich produktiv ist. Wer nicht in zwei, drei Sätzen konkret beschreiben kann, was er eigentlich erreichen möchte, wird am Ende nichts erreichen. Die Occupy-Wallstreet-Bewegung verband nur ihre Ablehnung des politisch-ökonomischen Establishments, aber sie konnte dem keine positive Vorstellung entgegensetzen. Anti zu sein reicht auf Dauer nicht aus. Im Gegenteil: Es wird bei den Anhängern Frust erzeugt, der oft in Politikverdrossenheit oder Selbstmitleid mündet.

Ein weiteres Problem sind die Diskussionen über Detailfragen, die keinen Außenstehenden und die wenigsten behinderten Menschen interessieren. Auch diese Fragen sind wichtig und können auf geeigneten Kanälen ausgehandelt werden. Aber für solche Fragen eine Pressemitteilung oder einen Social-Media-Kanal zu nutzen, schreckt jene ab, die sich für generelle Fragen interessieren und die durch Details überfordert sind.

Es gibt noch einen ganz praktischen Grund, positive Botschaften werden eher verstanden als negative. Das liegt daran, dass positive Aussagen zumeist auch sprachlich einfacher gefasst sind. Wer versteht beim ersten Lesen den Satz: „Ich bin gegen niedrigere Steuern"? Deswegen wird der Satz „Ich bin für höhere Steuern" sofort verstanden - wenn auch meistens abgelehnt. Der Grund, warum Politiker und andere Verantwortliche solche klaren Aussagen vermeiden ist, dass sie nicht festgenagelt werden wollen. Wir hingegen haben zumeist das Ziel, beim ersten Lesen/Hören verstanden zu werden und mit wolkigen Formulierungen lässt sich das nicht erreichen.

5.4 Kritikfähig werden

Behinderte Menschen machen oft den Fehler, anderen ihre Nicht-Behinderung vorzuwerfen und ihnen damit die Berechtigung abzusprechen, sich kritisch über Behinderte zu äußern. Das ist aus zwei Gründen fatal:
1. Man kann nicht wissen, ob jemand eine Behinderung hat oder nicht. Vor allem chronische oder psychische Erkrankungen können unsichtbar sein und es geht uns auch nichts an, ob derjenige sich zu seiner Erkrankung bekennt oder nicht. Es gibt viele Menschen mit Lernstörungen, die sich was die psychische Belastung etwa in Schule und Beruf angeht durchaus ähnlich auswirken können wie eine Sehbehinderung, letztere wird aber eher entschuldigt. Schaut euch einmal die Erfahrungsberichte von Legasthenikern an. Es wäre fatal, wenn ausgerechnet Behinderte anfangen würden, Menschen in erste und zweite Klasse einzuteilen.
2. Auch wenn jemand keine Behinderung hat, darf er sich äußern, das nennt man Meinungsfreiheit. Behinderte Menschen haben nicht das alleinige Recht, sich zu allem zu äußern. Dazu gehört im Übrigen auch, dass jemand Unsinn erzählt. In diesem Fall kann man ihm vorwerfen, dass er falsche Infos verbreitet, man kann ihm aber nicht die Berechtigung absprechen, sich zu äußern.

Dazu gehört auch, dass behinderte Menschen ihre Behinderung blöd finden dürfen, ohne von anderen Behinderten runter geputzt zu werden. Bekannt geworden ist in diesem Zusammenhang die Sportjournalistin Monika Lierhaus. Lierhaus lag nach der Operation eines Hirn-Aneurysma im Koma und musste danach das Sprechen und Gehen neu erlernen. In einem Interview sagte sie, dass sie das nicht noch einmal mitmachen würde. Für diese Aussage ist sie von einigen behinderten Aktivisten heftig angegriffen worden. Sie habe damit das Leben Behinderter entwertet und der Behindertenbewegung geschadet.

Das ist offensichtlich Unsinn: Die Aussage zeigte lediglich, wie schwierig der Kampf zurück ins Leben für sie - und viele andere Betroffene - gewesen ist. Wenn man heute als behinderter Mensch keine Schwäche mehr zugeben darf, ist das ein großer Rückschritt.

Ich habe immer wieder festgestellt, dass behinderte Menschen unheimlich gut im Austeilen sind, aber nicht einstecken können. Das sind aber zwei Seiten einer Medaille, wer nicht einstecken kann, sollte überlegen, ob er austeilen möchte. Behinderte Menschen sagen häufig, dass sie nicht wie Opfer behandelt werden wollen. Das heißt aber auch, dass sie sich Kritik gefallen lassen müssen wie jeder andere Mensch auch.

Niemand ist verpflichtet, nur positive Erlebnisse zu schildern. Man sollte sich aber bewusst sein, welche Botschaft ein Blog vermittelt, in dem nur Negatives steht. Welchen Eindruck hinterlässt das bei einem nicht eingeweihten Leser, der zufällig über das Blog stolpert? Und wertet das nicht den Kampf der Behindertenbewegung für eine bessere Welt ab?

Inklusion bedeutet nicht nur, dass die Gesellschaft uns gegenüber eine Bringschuld hat. Sie bedeutet auch, dass behinderte Menschen sich aktiv engagieren müssen. Sie müssen nicht nur Probleme äußern, denn das kostet nichts. Sie müssen auch dazu beitragen, dass Probleme gelöst werden.

6. Zum Weiterlesen

- Domingos de Oliveira. Barrierefreiheit im Internet. epubli 2013
- Domingos de Oliveira. Sagen Sie es einfach. Books on Demand 2016

- Domingos de Oliveira. Was ist Blindheit. Books on Demand 2015
- George Lakoff. The Little Blue Book. Free Press 2012
- Erving Goffman. Stigma. Suhrkamp 2010
- Deutsches Studentenwerk. Beeinträchtigt studieren. Studie aus dem Jahr 2011
- https://www.studentenwerke.de/sites/default/files/Beeintraechtigt_Studieren_Datenerhebung_01062012_0.pdf
- Leidmedien.de. Ein Projekt zur politisch korrekten Berichterstattung über behinderte Menschen
- www.leidmedien.de